CONSIDÉRATIONS

SUR LE LIVRE 4

DU

CODE DE COMMERCE.

1830.

CONSIDÉRATIONS

SUR LE LIVRE 4

DU

CODE DE COMMERCE;

Par Ph° Coustou,

ANCIEN NÉGOCIANT; EX-PRÉSIDENT DU TRIBUNAL DE COMMERCE; ADMINISTRATEUR DES HOSPICES CIVILS ET DE L'ŒUVRE DU PRÊT-GRATUIT DE MONTPELLIER, ETC.

Qui jus civile contemnendum putat, is vincula evellit non modò judiciorum, sed etiam utilitatis vitæque communis.

CIC., *Pro Cecinnâ.*

A MONTPELLIER,

L'IMPRIMERIE DE JEAN MARTEL AÎNÉ,

PRÈS LA PRÉFECTURE, N° 10.

1830.

CONSIDÉRATIONS

SUR LE LIVRE 4

DU CODE DE COMMERCE.

J'AI dépeint dans mes premiers mémoires, une partie des négligences, des abus, des désordres qui se sont introduits dans le commerce; j'en ai indiqué les causes et les effets.

J'ai tâché de faire sentir la nécessité d'ouvrir enfin les yeux sur des vices qui exercent une influence funeste sur la morale et sur l'ordre public; de chercher et d'apporter quelques remèdes à des maux qui, en altérant l'esprit du commerce, relâchent et corrompent, chaque jour davantage, les mœurs commerciales.

J'ai écrit d'après mon intime conviction, sans crainte, sans passion, ni sans aucune sorte d'ambition: mon zèle pour les intérêts et pour la prospérité d'une profession que j'ai exercée pendant près de 40 ans, a seul inspiré mon

courage ; et mon desir de voir le commerce et
l'industrie se montrer toujours dignes de la protection et de la considération qu'ils méritent,
m'a déterminé à présenter quelques vues, à
soumettre le résultat de mes observations à la
sagesse du Gouvernement, aux lumières et aux
méditations des hommes instruits et bien intentionnés, plus capables et plus en position que
moi d'approfondir ce que je ne pouvais guère
qu'effleurer, d'appuyer et de faire valoir les
vues utiles que je pourrais avoir, ou de com-
battre et détruire les erreurs qui auraient
échappé à mon inexpérience.

Toujours animé du même esprit, je vais es-
sayer encore de discuter quelques autres points
de cette vaste et importante matière, et me
hasarder à manifester mes idées sur plusieurs
dispositions du livre 4 du Code de commerce,
qui traite de la juridiction commerciale.

J'éviterai, autant que je pourrai, d'être diffus
et de me trop répéter ; mais si mon sujet
m'oblige à revenir sur les mêmes idées, on
voudra bien me le pardonner, si l'on considère
que mon but est bien plus d'être utile que de
chercher à flatter et à plaire.

Si j'ai à exposer des vérités peu agréables à des
hommes que l'exemple séduit, que l'habitude entraîne, que la passion domine ; je ferai en sorte,
cependant, de ménager les esprits, de ne rien

brusquer, de tout adoucir. Forcé de tonner contre
des désordres que la raison, l'honneur, l'amour
du bien public condamnent, j'éviterai également
de trop humilier ceux qui s'en rendent coupables, de les ulcérer, de les révolter par des
reproches trop amers; car on peut, on doit
même supposer presque toujours peu de coupables, et accuser les circonstances bien plus que
les hommes. Mais il faudrait être dans un étrange
aveuglement, pour croire que c'est en dissimulant
les abus, ou en les encourageant par la faiblesse,
qu'on peut parvenir à les arrêter et à les corriger; il faudrait être bien prévenu ou bien dé-
couragé pour ne pas vouloir sonder une plaie,
parce qu'elle est profonde, ni oser prendre aucun moyen d'en arrêter les ravages, parce qu'ils
s'étendent chaque jour davantage et deviennent
de plus en plus effrayans.

Certes, il est douloureux de voir que le mal a
dû jeter des racines bien profondes, puisque,
parmi les négocians les plus probes, les plus
instruits et les mieux intentionnés, il s'en trouve
plusieurs qui sont persuadés que les choses sont
venues au point qu'on doit les laisser aller sans
opposition, tout affligeantes qu'elles sont, parce
qu'il serait difficile d'en arrêter le cours ou d'y
apporter de sensibles améliorations; et c'est
ainsi que des maux qu'ils déplorent, et dont ils
sont les victimes, se trouvent légitimés à leurs

yeux par les circonstances qui les ont produits et aussi scandaleusement propagés.

Quoi! le commerce est aujourd'hui tellement répandu qu'il est devenu la principale occupation de la plupart des nations; en France, il est considéré comme la source la plus féconde de la prospérité publique et de la richesse des particuliers. Ce n'est plus, comme autrefois, sur de petits intérêts seulement que les Juges de commerce ont à prononcer; on porte devant eux les affaires les plus considérables; la juridiction commerciale, quoique exceptionnelle, est si étendue, qu'il y a bien peu d'individus qui ne fassent quelque acte qui peut les soumettre directement ou indirectement aux Tribunaux de commerce, ou les forcer de recourir à leur autorité.

On connaît, en effet, quelle est la fréquence des rapports que les agriculteurs, les propriétaires, les capitalistes de tous les états et de tout les classes, ont journellement avec le commerce, pour prêts ou placemens d'argent, pour achats ou ventes de denrées et marchandises, pour association, participation, intérêts dans des établissemens ou des entreprises que la loi soumet à la juridiction commerciale.

Et il serait possible que la liberté dont doit jouir le commerce, fût autre chose que la faculté d'agir conformément aux lois; et que les lois ne fussent pas pour les commerçans, comme pour tous les citoyens en général, les gardiennes de la véritable liberté! Le commerce peut-il être entièrement livré à lui-même, aux caprices et aux écarts de son ambition?

Il ne saurait en être ainsi, sans les plus grands dangers, sans les plus grands désordres. Ne l'aurait-on pas assez long-temps et assez cruellement éprouvé, lorsque les doléances sont générales et continuelles? Il est donc urgent que l'autorité du Gouvernement intervienne pour diriger, surveiller constamment la marche du commerce, pour en faciliter les progrès et en assurer le succès par une protection impartiale et bien entendue ; il doit, en conséquence, s'appliquer à rendre les transactions faciles et rapides, par des règles claires et simples, sévères et positives, qui donnent tout à la fois aux affaires commerciales une inviolabilité et une force égales à celles des contrats les plus authentiques.

Mais, pour que la loi soit respectée, il faut qu'elle ne menace jamais en vain : il ne suffit pas que les dispositions de la loi soient précises, il importe aussi qu'on ne puisse jamais se soustraire impunément à son pouvoir ; et si l'inviolabilité de la loi est toujours indispensable, la promptitude de son application ne l'est pas moins, sur-tout à l'égard d'une profession qui s'entretient par la rapidité et la multiplicité des transactions, qui s'agrandit par la confiance, qui s'étend par le crédit, qui prospère par l'ordre et l'économie, qui s'ennoblit par la bonne foi et par l'exacte fidélité.

Les Tribunaux de commerce ont-ils assez de force, assez d'indépendance pour pouvoir toujours remplir le but de leur institution? Ne présentent-ils pas, dans leur organisation et dans leur composition actuelle, des lacunes à remplir, des vices qu'il est nécessaire de faire disparaître? C'est ce que je me propose d'examiner : je m'appuierai sur des faits, je citerai des exemples, dont je crois l'exactitude et l'authenticité difficiles à contester, et qui me paraissent devoir donner plus de force à mes argumens et aux conséquences que j'en tirerai.

LA nécessité d'une juridiction commerciale ne saurait être contestée; tous les législateurs, tant anciens que modernes, l'ont reconnue; et il n'est, je crois, aucun négociant honnête et tant soit peu instruit, qui voulût renoncer aux avantages et aux bienfaits d'une institution qui leur donne des juges choisis par eux et parmi eux.

« Sans remonter à l'origine du commerce, « sans recourir à des exemples étrangers, qui- « conque voudra étudier seulement la marche

« du commerce en France, verra, en effet, la
« juridiction commerciale suivre constamment
« ses traces, et s'associer à ses progrès: il verra
« que, dans les siècles du gouvernement féodal,
« lorsque le commerce errant, incertain et
« précaire n'avait pas encore de magasins fixes,
« les foires de Brie et de Champagne étaient les
« lieux de trafic les plus fréquentés, et que leur
« prospérité était due à des priviléges que Phi-
« lippe de Valois prit soin d'affermir par l'édit
« de 1349. Il voulut qu'*aux gardes de la foire*
« *appartînt la cour et connaissance des cas et*
« *contrats advenus ès dites foires.* Et telle était
« la nécessité de cette disposition, qu'elle l'em-
« porta, par la seule force de la raison, sur les
« jalousies de pouvoir alors si multipliées: *pour*
« *ce s'accordèrent,* dit le même édit, *princes,*
« *prélats, barons, chrétiens et mécréans, en eux*
« *soumettant à la juridiction d'icelles foires et y*
« *donnant obéissance* (1). »

Dans les siècles suivans et à mesure que le
commerce se développait avec tous les arts fa-
vorables à la civilisation, et que les négocians
plus nombreux et plus répandus furent moins
ambulans, la juridiction commerciale devint, à
son tour, moins circonscrite, plus permanente

_____

(1) *Notions préliminaires* sur le livre 4ᵉ du Code de
commerce. Locré, tom. VIII.

et mieux appropriée aux besoins actuels du commerce.

Parmi les diverses lois qui l'ont successivement protégé, et qui ont le plus contribué à son agrandissement et à sa prospérité, on distingue l'édit de 1556, l'ordonnance de 1673, et enfin le Code de commerce, dans lequel les principes consacrés par les anciennes ordonnances ont été conservés. Ces principes essentiels, qui distinguent les juridictions commerciales de toutes les autres, se réduisent à quatre (1) :

1° Expérience des Juges dans les opérations commerciales ;

2° Simplicité dans les débats entre parties ;

3° Procédure expéditive ;

4° Rapidité dans l'exécution des jugemens.

Si le Code contient quelques modifications aux lois précédentes, c'est qu'elles furent jugées nécessaires pour en améliorer les dispositions dans les détails, et les mettre en harmonie avec les changemens survenus jusqu'alors dans la forme du Gouvernement, dans les relations et les habitudes commerciales ; et comme depuis la mise à exécution du Code, en 1808, jusqu'à l'époque de la restauration, et depuis la restauration jusqu'à aujourd'hui, il s'est passé aussi les événemens les plus extraordinaires, qui ont

(1) Gillet, Vœu du Tribunat ; 8ᵉ Discours.

amené de grands changemens dans le Gouvernement, dans les mœurs, dans l'opinion, dans la marche et la direction du commerce et de l'industrie, il est arrivé que plusieurs dispositions du Code sont tombées en désuétude, et que l'ignorance, l'inconduite et la mauvaise foi, profitant d'un tel état de choses, ont pu éluder et enfreindre impunément les obligations les plus précises, les règles les plus sévères, qui, dans tous les temps, ont été imposées aux commerçans.

Or, s'il est démontré et reconnu que les abus et les désordres qui en sont résultés, doivent être attribués, en grande partie, à la faiblesse ou à l'impuissance des Tribunaux de commerce ; si, dans beaucoup de circonstances et particulièrement dans les cas de faillite et de banqueroute, les Juges éprouvent des scrupules, des embarras, des difficultés, qu'ils n'ont ni le temps, ni les moyens, ni la puissance de prévenir et de surmonter ; il faudra bien reconnaître aussi que c'est en donnant aux Tribunaux de commerce une organisation plus forte, plus indépendante et mieux appropriée aux connaissances, aux habitudes et à la position de Juges commerçans et temporaires, qu'on peut espérer d'arrêter le mal, et d'opérer le bien que la morale, l'ordre public réclament, et que les vrais intérêts du commerce exigent également.

La Commission chargée par le Gouvernement de préparer et rédiger un projet de Code de commerce, termina son travail en 1802.

D'après ce projet, articles 428, 430, 431 : « Pour pouvoir être élu Président, Juge ou « Suppléant, il aurait fallu être âgé de 30 ans « et domicilié dans l'arrondissement du Tri- « bunal ; la durée de leurs fonctions aurait été « de deux ans, mais ils auraient pu être réélus « sans intervalle. »

D'après l'article 424 dudit projet : « Le Gou- « vernement aurait déterminé le nombre des « Tribunaux, les lieux dans lesquels ils auraient « été placés, ainsi que l'étendue de leur ressort. « L'article 425 fixait indistinctement à un Pré- « sident, à quatre Juges et à quatre Suppléans, « le nombre des membres qui devaient com- « poser tous les Tribunaux de commerce en « France : cependant, l'article 435 établissait « une distinction en faveur du seul Tribunal de « Paris, qui aurait été divisé en deux sections, « chacune d'elles composée d'un Président, de « quatre Juges et de quatre Suppléans. »

Le projet de la Commission fut envoyé aux Chambres, aux Tribunaux de commerce et aux Tribunaux d'appel ; on voulut recueillir, pour ainsi dire, l'opinion générale du commerce

et des Magistrats; tous donnèrent leurs observations.

Présenté ainsi au Conseil du Gouvernement,
le Code du commerce y fut savamment et pro-
fondément discuté, et fut enfin adopté avec des
corrections et de notables changemens.

C'est ainsi que, dans la matière qui nous oc-
cupe, les articles du projet du Code que j'ai
cités ont éprouvé de grandes modifications, dont
nous aurons occasion d'apprécier les résultats
dans leur application; je vais en signaler quel-
ques-unes.

Les articles 615 et 616 du Code en vigueur
ne sont, sans contredit, que le développement
et l'adoption, en des termes différens, de ceux
du projet des Commissaires rédacteurs, quant
au nombre, au placement et au ressort des
Tribunaux de commerce, qui sont déterminés
par des règlemens d'administration publique:
mais l'article 425 du projet ne fut pas admis; il
a été remplacé par l'article 617, qui porte:
*que chaque Tribunal sera composé d'un Juge-
Président, de Juges et de Suppléans; que le
nombre des Juges ne pourra être au-dessous de
deux, ni au-dessus de huit, non compris le
Président; que le nombre des Suppléans sera
proportionné au besoin du service; et qu'un rè-
glement d'administration publique déterminera,
pour chaque Tribunal, le nombre des Juges et
des Suppléans.*

L'article 620 *a décidé que tout commerçant âgé de 30 ans, et qui exerce le commerce avec honneur et distinction, depuis cinq ans, peut être nommé Juge ou Suppléant, mais que le Président devra être âgé de 40 ans, et ne pourra être choisi que parmi les anciens Juges.*

D'après l'article 623, *le Président et les Juges ne peuvent rester plus de deux ans en place, ni être réélus qu'après un an d'intervalle.*

Il est à remarquer que le Code ne parle point de la durée des fonctions des Suppléans, ni par conséquent de leur réélection. Cependant, ils sont soumis partout, tous les deux ans, à une réélection, comme le Président et les Juges, avec cette différence que réélus ils peuvent continuer leurs fonctions, et qu'ils peuvent même être nommés Juges, sans intervalle ni interruption.

En exécution des articles 615, 616 et 617 ci-dessus cités, le Gouvernement d'alors détermina le nombre des Tribunaux de commerce, leur placement, leur arrondissement, et le nombre des membres dont chaque Tribunal serait composé. On considéra que les intérêts du commerce exigeaient que le grand nombre de contestations auxquelles il donne naissance fussent jugées sommairement, promptement et sans déplacement des parties.

On pensa que des Juges qui seraient choisis

parmi les plus gros négocians du lieu où seraient établis des Tribunaux de commerce, auraient toujours les connaissances suffisantes et relatives aux affaires qu'ils auraient à juger, puisqu'il ne s'était jamais élevé aucune plainte contre leur existence, dans les villes où il y en avait déjà d'établis.

On se persuada d'ailleurs, que la considération et le pouvoir attachés aux fonctions de Juge, seraient toujours l'objet d'une juste ambition. Et comme dans la création de nouveaux Tribunaux dans les villes qui l'avaient demandée, on avait préalablement consulté les Chambres de commerce, les Préfets et les premiers Magistrats, on ne crut pas devoir s'y opposer, lorsqu'il y avait unanimité d'opinion : enfin, les Tribunaux de commerce n'étant point à charge à l'État, puisque les Juges ne reçoivent aucun salaire, le Gouvernement ne vit pas ce qui pourrait s'opposer à leur établissement dans les villes, où les négocians paraissaient y mettre le plus grand prix. Telles furent les principales considérations d'après lesquelles on se détermina à augmenter considérablement le nombre des Tribunaux de commerce, sans s'arrêter aux motifs allégués par les adversaires nombreux de ce système, qui pensaient :

1° Que, pour la garantie même des avantages résultant des Tribunaux de commerce, il fallait se garder de les trop multiplier ; la loi n'y paraissant appeler que les villes dont le commerce est étendu, et lorsqu'elles peuvent fournir au moins 25 commerçans notables sur une population qui n'excède pas 15,000 âmes.

2° Que, dans le plus grand nombre de villes d'une population de quelques mille âmes seulement, où se trouvent quelques fabriques et un simple commerce de consommation, il était difficile de trouver, pour la formation d'un Tribunal, un assez grand nombre de commerçans notables et d'hommes instruits, ayant l'aptitude nécessaire à des Juges.

3° Que cette difficulté qui s'était déjà fait sentir, s'augmenterait d'après la disposition de l'article 623 du Code, qui, à la différence de la loi du 24 août 1790 et du projet de la Commission, ne permet pas la réélection immédiate des membres des Tribunaux de commerce.

4° Que ce n'était pas par la population de l'arrondissement d'un Tribunal, mais par celle de la ville où il siège, qu'il fallait juger de la possibilité de sa composition ; parce qu'il était évident que les négocians non domiciliés dans cette ville, ne se déplaceraient pas et ne quitteraient point leurs affaires pour venir y exercer les fonctions de Juges, etc.

Le temps et l'expérience pouvaient seuls faire apprécier à la longue, les avantages et les inconvéniens de l'organisation des Tribunaux de commerce et de la juridiction commerciale en général, tant dans son ensemble que dans ses diverses parties. On peut donc aujourd'hui, après plus de vingt années d'épreuves de toute espèce, constater le bien et le mal qui en est résulté, et se prononcer sur le mérite des opinions qui précédèrent l'adoption du système actuel.

Voici les raisonnemens que je fais, les preuves que je donne à l'appui de l'opinion que je me suis formée sur cette matière.

A Dieu ne plaise que je veuille contester la nécessité et l'utilité des Tribunaux de commerce, ni déprécier les avantages immenses que le commerce en retire, nonobstant les lacunes, les imperfections, je dirai même les vices de leur organisation !

Je voudrais, au contraire, voir disparaître les obstacles qui s'opposent à ce que le commerce retire du Code toute la protection, tout le bien qu'il était dans l'intention de ses auteurs de lui procurer.

Je voudrais qu'on fût plus juste dans les sacrifices qu'on exige des Juges commerçans, plus modéré dans les charges qu'on leur impose, et plus reconnaissant des services qu'ils peuvent rendre ; mais je voudrais aussi que les négocians appréciassent, mieux qu'ils ne le font, tous les avantages d'une législation spéciale ; que leurs

2

Juges fussent plus sévères à en maintenir l'intégrité, et sussent toujours apprécier la dignité de leurs fonctions, et de leurs engagemens envers l'État et envers la société tout entière.

Je crois qu'on s'est mépris, lorsqu'on a pensé qu'en multipliant le nombre des Tribunaux de commerce, et par conséquent des Juges et des commerçans notables qui doivent les nommer, on conserverait, on augmenterait même la considération qu'on voulait attacher à ces fonctions ; que plus elles deviendraient communes, plus elles deviendraient l'objet de l'ambition des hommes capables de les bien remplir ; et enfin, que le meilleur moyen d'avoir constamment des Juges expérimentés et affectionnés à leurs devoirs, était de borner leurs fonctions à deux ans, et de ne pas permettre qu'ils pussent être réélus sans intervalle.

Je crois que le Législateur s'est trop laissé prédominer par cette idée, que les contestations qui sont portées devant les Tribunaux de commerce, ne pouvant pas le plus souvent être décidées par le texte de la loi, il suffisait de connaître les usages du commerce pour prononcer conformément à ces usages, et qu'ainsi ce n'était pas de vrais Juges, de qui il faudrait exiger des études préparatoires, qu'on devait se proposer d'établir, mais des négocians qui prononçassent, d'après leur expérience, sur les contestations de commerce.

Ce fut là un des principaux motifs qu'on fit valoir pour s'opposer à la réélection immédiate des Juges de commerce, parce que, dit-on, l'habitude de demeurer dans ces fonctions porterait les négocians à se donner l'importance de Juges en titre, à se créer une jurisprudence et à perdre l'habitude du commerce.

C'est aussi par suite de ce système que l'article 627 du Code a décidé que le ministère des avoués serait interdit dans les Tribunaux de commerce, conformément à l'article 414 du Code de procédure civile, afin de conserver par là, aux commerçans, le droit de se présenter eux-mêmes devant leurs Tribunaux, pour y faire valoir leurs droits et y proposer leurs défenses, sans être obligés d'avoir recours à tous les détours de la chicane, si contraire à l'esprit du commerce.

Quoique le Législateur ait eu évidemment en vue d'engager par là les justiciables des Tribunaux de commerce à s'y présenter en personne, persuadé que, dans leur bouche, les contestations seraient toujours simples et ne sortiraient jamais de la sphère des connaissances des Juges, il avait cependant bien prévu qu'il y en aurait toujours un grand nombre qui n'ont pas assez l'habitude de la parole, pour expliquer clairement leurs affaires et faire valoir leurs moyens; que beaucoup, s'intimidant quand il faut parler

devant des Juges et un auditoire, pourraient
compromettre la justice et leur propre cause,
au lieu de les servir, si l'on eût toujours exigé
la comparution personnelle, hors les cas d'em-
pêchement légitime.

En conséquence, les articles 421 du Code de
procédure civile et 627 du Code de commerce
rendent facultative la présentation personnelle
des parties, puisqu'ils leur laissent la liberté de
se faire représenter par toute personne de leur
choix, capable de recevoir un mandat, et que
l'article 627 du Code de commerce détermine,
en outre, la forme dans laquelle ce pouvoir
spécial doit être donné.

Mais il est évident que ce sont des particuliers, sans caractère public, qu'on a eu l'intention de désigner, et qu'on a voulu proscrire
non-seulement le ministère obligé des avoués,
mais aussi celui des agréés qui existaient autrefois, et qui, pour la plupart, avaient la
confiance des Tribunaux et des Justiciables, par
leur probité, leur talent et leur habitude dans
les affaires de commerce. Le Législateur a paru
craindre que ces agréés ne devinssent eux-
mêmes des avoués ; ce qui aurait rétabli, jusqu'à un certain point, sous une autre forme,
une institution qu'on voulait exclure des Tribunaux de commerce. Ce but a-t-il été atteint ?
Je me trompe fort, ou jamais espérance n'a été

plus illusoire, jamais disposition d'une loi n'a été moins observée, ou pour mieux dire, n'a été plus dérisoire.

Et il n'était guère possible d'espérer qu'il en fût autrement; car, alors même que le Législateur établissait en principe que les négocians, sans avoir besoin d'aucune étude préliminaire, mais avec leur expérience dans les habitudes et les usages du commerce, seraient toujours les meilleurs Juges pour prononcer sur les contestations portées devant eux; il accumulait sur la tête des Juges de commerce, des charges pénibles et multipliées, des fonctions minutieuses étrangères à leurs habitudes, qui exigeraient de leur part beaucoup plus de temps, de peines et de connaissances, qu'il n'est permis d'attendre et juste d'exiger d'hommes qui, par honneur, se dévouent gratuitement à des fonctions toujours assez pénibles, lorsqu'ils s'en occupent avec zèle.

Comment d'ailleurs a-t-on pu penser, qu'il suffirait pour être un bon Juge de commerce, d'avoir l'expérience dans les habitudes et les usages de cette profession, lorsque le Code avait décidé beaucoup de cas laissés dans le doute jusqu'alors, avait aboli tous les usages qui existaient anciennement, avait tracé des règles sévères et positives pour les obligations indispensables imposées à tous les commerçans sans

exception, avait enfin déterminé la marche que
les Tribunaux doivent suivre dans toutes les
questions qui leur sont soumises, et particulièrement dans tous les cas de faillites et banqueroutes?

Comment n'a-t-on pas prévu que les Juges de
commerce, dont l'expérience est sans doute une
des qualités les plus essentielles dans toutes les
circonstances, auraient besoin en outre, dans
le nouvel ordre de choses, de plus d'instruction
et de plus de connaissances positives qu'aupara-
vant; et que, s'ils ne voulaient pas s'exposer à
être embarrassés et à rendre des décisions injustes ou arbitraires, il serait indispensable
qu'ils eussent une connaissance parfaite des Codes
de commerce et de procédure civile, des lois et
règlemens auxquels les commerçans sont soumis
et doivent se conformer, et que les Juges eux-
mêmes doivent suivre et faire exécuter?

En effet, si, sur le grand nombre d'affaires
qui sont portées devant les Tribunaux de commerce, il y en a beaucoup qui pourraient être
conciliées ou jugées promptement, et qui le sont
même très-souvent, lorsqu'elles sont exposées
de bonne foi, avec clarté et simplicité, combien
ne s'en présente-t-il pas qui, soit par leur nature
même, soit par la manière dont elles sont pré-
sentées, soit enfin par les incidens auxquels elles
donnent lieu, sont longues et difficiles à instruire
et à juger?

Pourrait-il en être autrement, lorsqu'il est constant qu'il n'y a point ou presque point aujourd'hui, de parties qui se présentent en personne devant les Tribunaux de commerce pour y défendre leurs causes ; que c'est à des avoués qu'elles donnent, presque toujours, le pouvoir spécial de les représenter que la loi exige, et que ces avoués sont, en outre, très-souvent assistés par des avocats; de manière que ces Tribunaux sont devenus plus que jamais le rendez-vous des gens de loi: d'où il résulte qu'une grande partie des audiences est consommée en longs plaidoyers inutiles, souvent même dangereux, lorsque ceux qui les font, n'étant pas familiers avec les questions qu'ils traitent, cherchent à faire étalage d'une vaine éloquence, et parlent à des Juges-commerçans un langage étranger et imbu quelquefois de subtilités. Il est constant sur-tout, que la surveillance de toutes les opérations des faillites et banqueroutes que la loi confie à des *Juges-commissaires*, pris parmi les membres des Tribunaux de commerce, est un fardeau trop pesant pour eux.

Je ne répéterai point ici ce que j'ai déjà dit dans mon premier écrit, sur l'inefficacité de la loi sur les faillites et les banqueroutes; les faits parlent d'ailleurs assez haut : et qui oserait nier que les faillites ne soient, pour la plupart, un vrai guet-apens, un piége tendu à la bonne foi et à la probité par l'inconduite et la fraude; que les créanciers ne soient, presque toujours, forcés de se mettre à la discrétion de leurs débiteurs, et de leur accorder des remises que rien ne justifie, et qui souvent emportent la presque totalité du capital?

N'arrive-t-il pas en effet que des faillis déhontés, ou leurs coupables conseillers, se présentent audacieusement devant les créanciers sans livres ni bilan, ou poussent l'impudence jusqu'à oser produire des livres irréguliers ou fabriqués à plaisir, des bilans informes où les erreurs et les malversations percent de toutes parts? Et si quelques créanciers font des observations et se soulèvent contre l'audace et les exigences révoltantes de leurs débiteurs, ne se trouve-t-il pas toujours là quelque agent perfide, quelque ami bénévole, qui s'efforce de prouver la nécessité d'accepter ce que le failli veut bien offrir, pour ne pas s'exposer à tout perdre? Ce qui du reste arrive très-souvent, soit qu'une transaction ait lieu aux conditions exigées par le failli et ses complices, soit que des créanciers opposans n'aient pas voulu souscrire à leur propre ruine, parce que, en tous cas, la chicane et la fraude savent très-bien appeler à leur secours les longueurs, les incidens, les difficultés de toute espèce, pour parvenir à leur but et consommer, de gré ou de force, leurs criminelles spoliations.

Il faut donc qu'il y ait de grands vices dans la loi sur les faillites et dans l'excès des droits du fisc, puisque les créanciers honnêtes, si souvent trompés et aussi cruellement dépouillés, ne surmontent pas la répugnance qu'ils ont pour la faillite judiciaire, et n'ont pas la certitude que les frais et les longueurs qu'elle entraîne, tout considérables qu'ils sont, tourneraient enfin à leur avantage, quand même ils dussent quelquefois les réduire à retirer, par voie de justice, des dividendes moindres que ceux qu'on leur promet, pour les engager à souscrire à des arrangemens clandestins et irréguliers. Il est indubitable cependant que, si les dispositions du livre 3, titre 1er, chapitre 1er de la Faillite, étaient exécutées avec exactitude et sévérité (1), les faillites seraient moins fréquentes et moins scandaleuses, tandis que la faiblesse les autorise, l'impunité les provoque, et laisse ainsi dans l'oubli un délit qui est une dénégation d'engagemens contractés non-seulement avec des particuliers, mais avec la Société elle-même qui en garantit l'intégrité.

L'autorité doit donc veiller sur les droits que cette violation rend incertains; rendre facile et assurer l'exécution de la loi, et préserver dans les faillites la masse des créanciers contre la négligence, l'inconduite, l'infidélité des débi-

(1) Voyez l'article 614 du Code.

teurs et contre toute espèce de collusion, en les
dessaisissant, au moment même de la faillite,
de l'administration de leurs biens qui sont le
gage des créanciers.

━━━━━◆━━━━━

Qu'on lise l'exposé général du système de
l'administration de la faillite, fait au Conseil
d'état, par M. Crétet, lors de la discussion du
livre 3 du Code de commerce, et on verra que
la nécessité d'établir de nouvelles dispositions
contre les faillites fut, peut-être, le principal
des motifs qui déterminèrent à rédiger ce Code;
que le vice des dispositions antérieures était dans
la facilité qu'elles donnaient au failli de soustraire le gage de ses créanciers, et que tous les
inconvéniens, tous les abus qui en résultaient,
avaient leur racine dans l'imprévoyance de la
loi qui laissait le failli en possession; qu'ainsi
la base du nouveau système était de l'exproprier
à l'instant même de sa déroute: et c'est cette
considération qui conduisit à reconnaître la nécessité de faire intervenir, de suite, la puissance
publique, pour conserver aux créanciers leur
gage.

En conséquence, la première mesure conser-
vatoire adoptée fut celle de l'apposition des
scellés, même d'office : mais les scellés ne pouvant pas demeurer apposés long-temps sans de

graves et nombreux inconvéniens pour le failli
et pour les créanciers, on proposa deux moyens
de prévenir les abus : c'était de confier à la
justice l'administration des biens du failli, ou de
la donner à ses créanciers. On discuta long-
temps, et ce ne fut pas sans de fortes opposi-
tions qu'on se décida à adopter un avis mitoyen,
le système actuel des Agens, des Syndics et du
Juge-commissaire de la faillite.

D'après ce système, les Agens et les Syndics
administrent ; le Juge-commissaire surveille leur
administration dans tous ses degrés ; il est en-
tendu comme rapporteur par le Tribunal, dans
toutes les contestations relatives à la faillite sur
lesquelles le Tribunal peut prononcer.

La théorie de ce système était belle et sédui-
sante, mais a-t-elle bien réussi dans la pratique ?
Les faits parlent, les plaintes répondent encore.

Il est aujourd'hui bien démontré qu'un Juge
négociant temporaire, et qui a presque toujours des affaires particulières à soigner, un
commerce à conduire, ne peut pas se livrer à
tous les détails que la surveillance d'une faillite
exige (et il arrive très-souvent qu'il est chargé
d'en surveiller plusieurs à la fois).

Il y a inconvenance et injustice d'arracher,
pour ainsi dire, un Juge non salarié de son
Tribunal, d'exiger de lui l'abandon de ses
propres affaires, pour le plonger dans les dé-

tails et les désagrémens des formes à suivre dans
une faillite, et des nombreux incidens qu'elle fait
naître presque toujours.

Il n'est donc pas surprenant que les fonctions
de Juge-commissaire soient considérées comme
fort désagréables, et que les membres des
Tribunaux de commerce les redoutent, parce
qu'ils sentent très-bien qu'ils ne peuvent pas,
malgré leur bonne volonté, s'en acquitter
toujours avec succès.

Je ne pousserai pas plus loin mes réflexions
sur cette matière; il est des choses qu'il suffit
d'indiquer pour que chacun puisse en apprécier
le mérite et en faire l'application à sa manière.

Quant à moi, plus je réfléchis, et plus je de-
meure persuadé que le meilleur, et peut-être
le seul moyen d'assurer l'exécution de la loi,
d'arrêter les désordres et d'en empêcher le
retour, est de créer, auprès des Tribunaux de
commerce, un gardien, un surveillant perma-
nent (peu importe le nom qu'on voudrait lui
donner), institué par le Gouvernement, chargé
par lui de faire respecter et exécuter les lois;
et qui, dans les faillites et banqueroutes, intervienne promptement pour garantir les droits des
citoyens contre le failli et contre eux-mêmes.

Je renvoie encore le lecteur à ce que j'ai déjà
dit dans mes premiers mémoires sur cet im-
portant objet.

Je ne me dissimule point, au surplus, que le
grand nombre actuel des Tribunaux de commerce présenterait des difficultés, opposerait
de grands obstacles à l'établissement d'un Ministère public auprès de tous et de chacun de ces
Tribunaux ; il ne serait pas facile, en effet, de
trouver dans toutes les localités où ils sont
établis, des hommes propres à bien remplir ces
fonctions sévères et délicates ; et cela fût-il
possible, la dépense qu'une pareille institution,
trop multipliée, entraînerait pour l'Etat, méri-
terait assurément d'être prise en grande considération : mais s'il était bien démontré qu'il serait
également avantageux pour le commerce et
pour l'État, de réduire de beaucoup le nombre
actuel des Tribunaux de commerce, comme
étant inutiles et même nuisibles aux véritables
intérêts des justiciables, et comme étant aussi
une des causes des abus généraux qu'il importe
de corriger ; pourrait-il y avoir à balancer ?

Nous avons déjà vu quels furent les motifs
qui déterminèrent à augmenter le nombre des
Tribunaux de commerce ; mais en est-il résulté
tout le bien qu'on en attendait ? N'est-il pas
arrivé que la facilité de plaider, sans déplacement, a considérablement augmenté les procès,
et que le commerçant qui doit être essentielle-
ment ennemi des contestations, a eu recours à
l'autorité des Tribunaux, dans beaucoup de

difficultés, qui, sans cette facilité, se seraient pour la plupart terminées amiablement, ou par la voie de conciliation ?

Je crois qu'il serait nécessaire que ce dernier moyen fût dans beaucoup de cas, et sur-tout dans les petites villes, organisé de manière à prémunir contre les instigations de la chicane ou de l'amour-propre. Dans l'état actuel de la législation commerciale, les moyens de conciliation et d'arbitrage qu'elle offre, ne sont pas exempts d'inconvéniens. Hors les cas de contestations entre associés et pour raison de la société, le jugement par arbitres n'est pas de rigueur ; il n'est que facultatif : d'ailleurs, dans l'un et l'autre cas, le choix des arbitres, la nécessité d'obtenir leur consentement, la difficulté de s'accorder sur le choix et la compétence des Juges qu'on se donne, entraînent, souvent la perte d'un temps précieux, nuisible aux intérêts des parties, qui, ne pouvant s'accorder, finissent, dans les arbitrages volontaires, par recourir aux Tribunaux, et y apportent presque toujours un esprit d'aigreur, toujours fâcheux et souvent funeste.

N'y aurait-il aucun moyen de prévenir le mal à sa naissance et d'en arrêter les progrès ?

Des Arbitres de commerce, ou Magistrats conciliateurs obligés, qui seraient choisis par le commerce lui-même et institués par le Gouvernement, devant lesquels devraient être portées les contestations commerciales, lorsque les parties, qui auraient toujours le droit de se choisir elles-mêmes des arbitres spéciaux, n'auraient pas pu s'accorder, produiraient, je crois, un très-grand bien, et épargneraient aux Tribunaux l'embarras d'une foule de contestations vétilleuses, qui ne sont souvent portées devant eux que par un esprit d'entêtement ou d'animosité.

Ce serait une espèce de justice de paix commerciale, dont les attributions pussent être réglées et déterminées de manière à ne contrarier ni entraver celles des Juges de paix dans les différens ordinaires entre les citoyens, qu'il s'agirait d'organiser. Au reste, une institution à peu près semblable existe déjà dans beaucoup de villes de fabrique. Les conseils de prud'hommes sont de véritables justices de paix qui connaissent des discussions qui s'élèvent entre les fabricans, les chefs d'atelier et les ouvriers; ces conseils sont chargés de surveiller spécialement, dans les fabriques, les vols et les fraudes qui ont pour objet les matières premières qui s'y emploient. Il y a également, dans les ports de mer, des conseils de prud'hommes pêcheurs.

L'utilité de ces institutions est incontestable, et elle peut être invoquée à l'appui des avantages que le commerce pourrait retirer des moyens forcés et préliminaires de conciliation, dans tous les cas de contestation entre négocians.

M. Hippolyte de Lesser, dans la Statistique
du département de l'Hérault, qu'il a publiée
en 1824, a donné un tableau exact des affaires
qui ont été portées devant les conseils de prud'-
hommes établis à Lodève, à Bédarieux et à
Clermont-l'Hérault, pendant les neuf années
1814 à 1822.

Il résulte de ce tableau que presque toutes
ces affaires ont été conciliées par les bureaux
particuliers de ces conseils, qu'un très-petit
nombre d'entre elles, seulement, a dû être jugé
par le bureau général, et qu'il n'a été interjeté
appel d'aucun de ces jugemens.

On remarque en outre sur ce tableau, qu'à
Bédarieux, où il n'y a pas de Tribunal de commerce, comme à Lodève et à Clermont, et où
un conseil de prud'hommes n'a été établi et mis
en activité qu'au mois de janvier 1819, il a été
porté devant ce conseil, depuis cette époque
jusqu'à la fin de 1822 (c'est-à-dire, dans l'es-
pace de quatre années), 261 affaires, qui
toutes ont été conciliées par le bureau particulier, à l'exception d'une seule qui a dû être jugée
par le bureau général ; tandis qu'à Lodève, où
il y a Tribunal de commerce et conseil de
prud'hommes, il n'a été soumis à ce conseil que
142 affaires, dont 135 conciliées par le bureau
particulier, et 7 jugées par le bureau général,
quoique l'importance des fabriques de Lodève,

ainsi que sa population, soient infiniment plus considérables qu'à Bédarieux.

Mais, d'autre part, le nombre des procès portés devant le Tribunal de Lodève dans ce même intervalle de temps, a été très-considérable et hors de proportion avec le petit nombre de ceux que Bédarieux a été dans le cas d'aller soutenir devant le Tribunal de Béziers dont il dépend.

De pareils faits qui ont, sans doute, lieu dans les villes qui se trouvent dans la même catégorie que Lodève et Bédarieux (car je ne puis parler avec quelque assurance que de ce qui se passe dans le département de l'Hérault), méritent de fixer l'attention du Gouvernement, et me paraissent démontrer les avantages que le commerce pourrait retirer des moyens de conciliation qui préviendraient ou feraient avorter beaucoup de procès.

———

Mais les Tribunaux de commerce présentent, par leur trop grand nombre et par leur organisation actuelle, beaucoup d'autres inconvéniens et les plus étranges disparates. Les plus grandes villes qui ont un commerce très-étendu n'ont qu'un seul Tribunal de commerce, comme celles qui n'ont qu'une très-faible population et un

3

commerce très-borné ; il en résulte que, dans les premières, les Juges sont accablés par une multitude d'affaires qui nécessairement éprouvent des retards préjudiciables aux parties ; ou que, malgré leur zèle et leur assiduité à remplir leurs fonctions, l'immensité de leurs travaux peut fatiguer leur attention et leur mémoire, et faire souvent obtenir de la lassitude des décisions trop précipitées.

L'ouvrage de M. Hippolyte de Lesser me fournira encore un exemple de la vérité que je veux prouver, et démontrera que, s'il y a parité de considération dans les fonctions de Juges des Tribunaux de commerce en général, il n'y a pas partout parité de sacrifices ni de services de leur part.

Il y a dans le département de l'Hérault, sept Tribunaux de commerce placés et composés ainsi que suit :

	Présid^t.	Juges.	Suppl^s.	Population.
A Montpellier.	1	4	4	36,000
— Béziers.	1	4	3	17,000
— Cette.	1	3	2	10,000
— Lodève.	1	3	2	10,000
— Agde.	1	3	2	8,000
— Pézenas.	1	3	2	8,000
— Clermont.	1	3	2	6,000

âmes environ.

Les jugemens rendus par ces Tribunaux, pendant les années 1810, 1814 et 1818, se por-
tèrent, à Montpellier, à 3,456, et ceux rendus à
Béziers, Cette, Lodève, Agde, Pézenas et
Clermont, dans les mêmes trois années, ne se
sont tous ensemble élevés qu'à 3,977 : ainsi, le
Tribunal de Montpellier n'étant composé que
de 9 membres, tandis que ceux qui forment les
six autres Tribunaux s'élèvent à 38, s'il s'agissait
d'établir une parfaite égalité entre les sept
Tribunaux de commerce du département de
l'Hérault (ce que du reste je suis loin de croire
praticable), il faudrait que les six Tribunaux,
qui tous ensemble n'ont jugé que 3,977 causes,
en eussent expédié 14,692 , pour parvenir à
mettre leur service au niveau de celui du seul
Tribunal de Montpellier : on pourrait donc en
conclure, à la rigueur, que deux Tribunaux composés comme celui de Montpellier, suffiraient
pour l'expédition des affaires commerciales dans
le département de l'Hérault, et que trois au
plus excéderaient les besoins. Je serai cependant
plus large, car je pense que quatre Tribunaux
ne seraient pas de trop pour satisfaire à tous les
besoins, à toutes les exigences possibles ; mais
qu'en conservant ceux de Montpellier, Béziers,
Lodève et Cette, toutes les affaires commerciales et maritimes du département pourraient
être jugées promptement, sans préjudice notable

pour les parties et sans trop surcharger les Juges (1).

Il y a, je n'en doute pas, beaucoup de Tribunaux en France qui présentent les mêmes disparates, les mêmes inconvéniens, que ceux qui existent dans le département de l'Hérault, que je viens de signaler : poursuivons.

Nous avons déjà remarqué que ce n'était pas par la population de l'arrondissement d'un Tribunal de commerce, mais seulement par celle de la ville où il siège, qu'il fallait juger de la possibilité de sa bonne et continuelle composition, lorsque sur-tout la loi ne permet pas la réélection immédiate du Président et des Juges.

L'expérience a prouvé que, dans l'état actuel de la législation, le commerce était en quelque sorte dans l'anarchie, sans guide, sans direction et sans frein; la raison en est palpable. Était-il possible de croire et raisonnable d'espérer, que de petites villes, de quelques mille âmes seulement, pourraient constamment fournir un assez grand nombre d'hommes instruits

(1) Quand on considère le peu de distance qui sépare les villes de Cette et d'Agde, de Béziers et de Pézenas, de Lodève et de Clermont, dans chacune desquelles se trouve placé un Tribunal de commerce, il est impossible de ne pas reconnaître qu'ils sont, sans aucune nécessité, trop rapprochés les uns des autres.

et dévoués, propres à composer et à renouveler tous les deux ans les membres d'un Tribunal de commerce, lorsqu'il est certain que les villes les plus populeuses et les plus commerçantes sont très-souvent embarrassées, non par la difficulté de trouver des hommes capables, mais par celle d'en trouver toujours de disposés à accepter et à remplir avec zèle et exactitude les fonctions de Juge ?

Nous avons vu qu'il se présente souvent, devant les Tribunaux de commerce des grandes comme des plus petites villes, des affaires importantes, des questions graves et difficiles à résoudre pour des Juges qui n'ont d'autres connaissances que celles que la routine peut donner, et qui peuvent se laisser influencer par un esprit de localité qui égare quelquefois les hommes les plus recommandables d'ailleurs; il s'établit ainsi, dans chaque Tribunal, une sorte de jurisprudence particulière, dangereuse et illicite, parce qu'elle est partiale et tend à rétablir des coutumes, des priviléges que le Code a détruits. Mais c'est dans les cas de faillite, sur-tout, que les désordres qu'elles font naître se trouvent bien plus nombreux et plus difficiles à éviter, dans les petites villes que dans les grandes. Il arrive en effet, quelquefois, qu'il se trouve parmi les Juges du Tribunal d'une petite ville, des parens, des alliés, des créanciers ou des débiteurs du

failli, qui, forcés de se récuser, rendent les
Tribunaux incomplets et inhabiles à s'occuper
des affaires qui leur sont soumises; souvent
aussi, des considérations particulières, d'affec-
tion ou de haine, peuvent fasciner les yeux des
Juges et des justiciables, et susciter des inimi-
tiés et des vengeances plus implacables et plus
injustes dans les petites villes où tout le monde
se connaît, que dans les villes populeuses; aussi
voit-on presque toujours le Juge-commissaire,
les Agens et les Syndics d'une faillite, négliger
de remplir leurs fonctions, ou faciliter eux-
mêmes les transactions irrégulières et clandes-
tines par leur inaction, parce qu'ils craignent,
en agissant, de se faire des ennemis et d'être
accusés de partialité et de rigueur.

Je ne pousserai pas plus loin mes réflexions à
ce sujet; mais il me reste à prouver que, pour
opérer dans les Tribunaux de commerce les
réformes que l'ordre public et l'intérêt du commerce réclament, il est nécessaire de modifier, si ce n'est même d'abroger l'art. 623 du
Code de commerce. On le doit, s'il est prouvé
que cet article, qui ne fut adopté que dans l'intérêt des justiciables des Tribunaux de commerce et dans celui des commerçans appelés aux
fonctions de Juges, a produit, sous plusieurs
rapports, un effet tout contraire.

On fit valoir et on parut craindre en effet, si la réélection immédiate était permise, qu'elle ne diminuât l'ambition et l'expectative honorifique des prétendans aux places de Juges.

Que les Juges en exercice, qui pouvant être réélus ne le seraient pas, se trouvassent humiliés et ne se crussent blessés dans leur honneur, ou bien qu'étant réélus, ils n'osassent pas refuser la nouvelle charge qui leur serait imposée.

Que la rééligibilité immédiate qui donne en apparence plus de latitude aux choix, la restreignit réellement à cause de l'extrême répugnance qu'éprouveraient les nominateurs à blesser l'amour-propre des Juges en exercice, en ne faisant pas porter leur choix sur eux, toutes les fois qu'ils n'auraient pas scandaleusement démérité, etc., etc. Or, que se passe-t-il généralement? Sans doute tous les commerçans doivent désirer d'être élus Juges par leurs pairs, parce qu'il s'y rattache des idées d'honneur et de confiance; mais un grand nombre doit craindre aussi de rester trop long-temps investi de fonctions gratuites et onéreuses.

En général, on fait bien par reconnaissance, par amour-propre ou par devoir, quelques sacrifices de ses propres intérêts pendant deux ans; mais il y a peu de Juges de commerce qui ne redoutassent beaucoup plus d'être réélus, qu'ils

n'ont pu desirer d'être élus une première fois ;
et il est constant qu'à l'époque des élections,
les commerçans notables sont plus embarrassés
de trouver de nouveaux Juges, dignes de leur
confiance, qu'ils ne seraient exposés à blesser
l'amour-propre des Juges sortans, si, pouvant
les réélire, ils ne faisaient point porter leur
choix sur eux.

Au surplus, la fausse délicatesse de ceux qui
pouvant être réélus ne le seraient point, ne devrait pas arrêter, puisqu'il est de la nature du
système électif que les places changent de main;
mais comme il est aussi de la nature de ce système de ne pas gêner les suffrages, sur-tout
quand il s'agit de fonctions gratuites et temporaires, la loi actuelle qui défend la réélection
immédiate des Juges de commerce est évidemment contraire à ce système et aux véritables
intérêts des justiciables ; car on ne doit pas se
dissimuler qu'en prononçant ainsi, la loi prive
souvent, pendant un an au moins, un Tribunal
d'un ou de plusieurs de ses membres les plus éclai-
rés et les plus dévoués, dont la réélection, si elle
était permise, serait pour eux une récompense
flatteuse des services déjà rendus et appréciés,
en même temps qu'elle serait avantageuse pour
le commerce en général.

On n'apprécie pas assez, je crois, combien
il serait heureux de pouvoir inspirer aux négo-

cians l'ambition d'être réélus Juges ; lorsque
l'estime et la reconnaissance de leurs pairs voudraient les maintenir dans leurs fonctions.

Peut-on soutenir de bonne foi aujourd'hui que,
pour avoir constamment de bons Juges de commerce , qui joignent à l'expérience et aux connaissances que leurs fonctions exigent, la dignité,
la bonne volonté et le dévouement qui en relè-
vent le prix , il faille les renouveler forcément
après deux ans d'exercice , et assimiler ainsi ,
par la rigueur de la loi , le Juge qui n'accepte
ces fonctions que par vanité , qui ne les remplit
que comme une charge dont il lui tarde de voir
arriver le terme , et celui qui jaloux de s'en
acquitter avec distinction et en appréciant toute
l'importance , s'y identifie en quelque sorte et
fait souvent les sacrifices les plus honorables de
ses propres intérêts et de sa propre tranquillité ;
lorsque sur-tout retiré des affaires , après une
longue et honorable carrière , il pourrait s'en
dispenser , et ne les accepte que pour jouir
des distinctions attachées à une profession dans
laquelle il a vieilli sans reproche ?

On ne doit pas se le dissimuler: s'il y a peu
de négocians qui se livrent à des études préliminaires et qui fassent les sacrifices nécessaires
pour acquérir les qualités et les connaissances
qui constituent un bon Juge , c'est parce que le
peu de durée de ces fonctions n'est pas propre à

les y engager ; car elle rend inutiles leur zèle , leur assiduité et leur dévouement désintéressé pour les justiciables et pour le bien public , au moment même où les uns et les autres pourraient en retirer le plus de fruit et en éprouver tous les avantages.

Mais c'est dans l'exercice des fonctions de Président que les vices de la loi actuelle se font le plus fortement et le plus particulièrement sentir. En effet , les attributions de cette place sont si grandes , les devoirs qu'elle impose sont si multipliés , si délicats, si difficiles, qu'il n'est guère possible d'espérer qu'un négociant qui est appelé à les remplir , en y arrivant pour la première fois, ni même après les avoir exercées précédemment pendant deux ans seulement et les avoir quittées , puisse avoir l'assurance , la fermeté, la confiance en soi-même que l'habitude et l'expérience soutenue peuvent seules donner, quelques lumières , quelques études prélimi- naires , quelque dévouement qu'on lui suppose.

La tenue des audiences, la direction des dé- bats, le maintien de l'ordre et de la décence , la forme, la rédaction des jugemens et une foule d'autres attributions importantes atta- chées spécialement à la place de Président, exigent, sans contredit, de celui qui veut la remplir avec zèle, honneur et distinction, d'au- tres connaissances que celles que la pratique et l'expérience seule des usages du commerce peuvent donner sur les contestations diverses auxquelles il donne naissance. Ces qualités, que l'on suppose mal-à-propos toujours suffisantes pour former du moins de bons Juges et de bons Suppléans, sont d'ailleurs plus rares aujourd'hui que jadis, et quoique le nombre des Commerçans soit beaucoup plus considérable, depuis que, pour le devenir, il suffit de prendre une patente : car c'est la patente qui constitue le marchand, et le rend, sans aucune connaissance reconnue sur le commerce, apte à être élu Juge.

Nous avons déjà vu que, d'après l'article 620, tout commerçant âgé de 30 ans et exerçant le commerce depuis 5 ans, pouvait être nommé Juge ou Suppléant ; mais que le Président devait être âgé de 40 ans, et ne pouvait être choisi que parmi les anciens Juges.

Nous avons vu, quant à la réélection du Président et des Juges, après deux ans d'exercice de ces fonctions, qu'elle ne pouvait avoir lieu qu'après un an d'intervalle, mais que la loi ne parlant pas des Suppléans, ils passaient très-souvent, sans aucun intervalle, de la place de Suppléant à celle de Juge : ce qui ne me paraît pas avoir dû être dans l'intention du Législateur.

Lors de la discussion de l'article du Code qui interdit la réélection à moins d'un an d'intervalle, on observa que cette mesure pouvait avoir quelque fondement à l'égard du Président et des Juges, mais qu'il n'en était pas de même à l'égard des Suppléans, pour qui l'honneur de devenir Juges devait être le prix de leur dévouement : les Suppléans ne furent pas compris dans l'article 623.

On a donc voulu que les Suppléans pussent être continués dans leurs fonctions sans intervalle ni réélection, parce qu'étant presque toujours choisis parmi les plus jeunes commerçans, il était convenable et avantageux de leur laisser acquérir, dans ces places secondaires, les connaissances et la maturité qui forment de bons Juges (1).

Mais, depuis qu'il est si généralement reçu que les Suppléans peuvent être nommés Juges après deux ans d'exercice, sans distinction d'âge, sans égard pour le zèle et le dévouement plus ou moins prononcés qu'ils ont montrés comme Suppléans, on a dû s'apercevoir des graves et nombreux inconvéniens qui en résultent et que le Législateur avait voulu prévenir.

---

(1) Procès-verbal des sections réunies du Tribunat.

En effet, les membres des Tribunaux de commerce étant renouvelés chaque année par moitié, et prenant rang par date de nomination, il arrive qu'un Tribunal peut, en l'absence du Président, être présidé par le plus jeune des Juges, lequel, même avec beaucoup de talent, ne saurait inspirer la confiance; commander le respect et la considération dont il est indispensable d'entourer la Justice et sur-tout la Justice commerciale.

Je ne crains pas de dire que c'est à cet abus qu'on doit attribuer, en grande partie, la difficulté qu'on éprouve à trouver, parmi les négocians les plus instruits et les plus recommandables par leur âge et par le rang distingué qu'ils tiennent dans le commerce, beaucoup d'hommes qui soient jaloux de siéger dans les Tribunaux, à plusieurs reprises, lorsque la reconnaissance de leurs pairs les y rappelle ou les y rappellerait.

Cependant, s'il est honorable d'être élu Juge une première fois, il l'est infiniment plus sans doute de l'être de nouveau, puisque la réélection est une sanction de services déjà rendus et d'une aptitude reconnue : ce n'est même que par la continuation d'une juste confiance, que le commerce peut récompenser ses Juges et leur témoigner sa reconnaissance. Or, je le demande, est-il juste, est-il naturel que de pareils hommes, rentrant dans une carrière qu'ils ont déjà par-

de la faillite à une autorité forte, indépendante et permanente, qui, au nom du Gouvernement, interpose son autorité pour faire
respecter et exécuter les formes conservatrices
de tous les droits et de tous les intérêts, et
provoquer la punition des délinquans, etc.

Si le principe qui a fait adopter les Tribunaux de commerce est incontestable ; si ces
Tribunaux sont la pierre angulaire de l'édifice
des lois commerciales, dont ils sont les conser-
vateurs ; s'ils doivent en être le palladium, il
faut en déduire les conséquences naturelles,
donner à cette Magistrature l'indépendance qui
lui est nécessaire et l'environner de cette influence qui doit la rendre plus respectable
et plus utile ; mais il faut en même temps la
garantir contre elle-même, contre ses faiblesses
et ses écarts, en instituant auprès d'elle une surveillance constante et rigoureuse, un pouvoir
indépendant du commerce et du Tribunal.

Si l'institution des Commissaires du Gouvernement près de tous les Tribunaux ordinaires
du Royaume, dont les Juges sont inamovibles
et qui ont un esprit de corps qui les porte
à veiller constamment à la conservation de leurs
droits et priviléges, a été jugée nécessaire,
combien plus grand doit en être le besoin à l'é-
gard des Tribunaux de commerce, dont les
membres, n'exerçant que des fonctions gratui-

tes et de peu de durée , n'ont point le même esprit que les Juges inamovibles et n'attachent pas la même importance que ceux-ci à leurs places purement honorifiques et transitoires ?

Ce sont ces vérités qui m'ont toujours frappé , qui m'ont dirigé dans les moyens d'amélioration que j'ai proposé d'opposer aux vices et aux inconvéniens de l'organisation actuelle des Tribunaux de commerce.

Je suis persuadé que les institutions qui préviennent le mal à sa naissance, qui redressent les premiers pas de l'erreur , ou qui en arrêtent les progrès , sont incontestablement les meilleures , puisqu'elles tendent à préserver la société des illusions de l'ignorance ou de la prévention, des ruses, des piéges de la mauvaise foi.

Je crois donc fermement qu'il serait utile et avantageux pour le commerce qui tient toute sa force de la bonne foi :

1° De multiplier les voies de conciliation et d'offrir toujours ces premiers moyens aux négocians dans leurs contestations , comme devant prévenir souvent des procès fâcheux , des discussions funestes , épargner des frais de justice considérables , ou faire du moins qu'on n'aurait recours à l'autorité des Tribunaux que lorsque l'importance des affaires l'exigerait, ou que l'obstination d'une des parties en provoquerait la nécessité.

2° De réduire le nombre actuel des Tribunaux de commerce et de ne conserver que ceux
qui se trouvent placés dans des villes qui, par
l'étendue de leur commerce et de leur population, offrent une réunion suffisante d'hommes
instruits et exercés dans les opérations commerciales, aptes à former un Tribunal, à en faciliter le renouvellement et à en assurer la bonne
et constante composition.

3° De prolonger la durée des fonctions des
Juges et tout au moins de celles du Président,
ou de permettre que les uns et les autres puis-
sent être réélus et continuer leurs fonctions
sans intervalle, lorsque la confiance et la reconnaissance de leurs pairs voudraient les y
maintenir, et qu'ils seraient eux-mêmes disposés
à ne pas se refuser à des sacrifices louables,
pénibles et désintéressés en faveur du bien public et du commerce.

4° De dégager les Juges commerçans de cer-
taines attributions qui leur sont dévolues par
le Code, et dont j'ai parlé dans mes écrits;
fonctions qui exigent de leur part trop de détails
minutieux, trop de perte de temps, sur-tout
dans la surveillance des faillites et des banqueroutes, que la loi confie aux Juges-commissaires.

5° De fixer le nombre des défenseurs auprès
des Tribunaux de commerce et de ne les choisir
que sur l'indication de ces Tribunaux : leur

influence sur le choix des avoués (puisqu'il est bien constant et reconnu qu'on ne se passe pas de leur ministère , quoique la loi en ait interdit l'usage) ne saurait être que salutaire ; elle pénétrerait ces défenseurs de l'esprit qui doit diriger les discussions commerciales ; elle les tiendrait plus soumis à leurs devoirs et aux égards qu'ils doivent aux Juges des Tribunaux dont ils dépendraient.

6° De modifier et réformer les dispositions trop vagues touchant les Suppléans.

JE croirais enfin convenable d'exiger, que , comme cela se pratique déjà dans quelques villes, les Juges et le Greffier de tous les Tribunaux de commerce du royaume , ne parussent aux au- audiences que revêtus de leurs robes, ou du moins dans tout autre costume distinctif et uniforme propre à inspirer le respect et la con- sidération , dont il est indispensable d'entourer ceux qui rendent la justice au nom du Souverain.

Si les réformes et les améliorations que j'ai cru devoir proposer (sauf les modifications ou les additions dont un examen plus approfondi pourrait faire sentir la nécessité) se réalisaient un jour, j'aime à croire qu'elles remédieraient à beaucoup d'abus , qu'ells produiraient de grands bienfaits dont il serait facile de signaler et prévoir les heureux effets, et qu'elles feraient enfin cesser, du moins en grande partie, les reproches nombreux dirigés contre une fausse application des principes reconnus de la juridiction commerciale.

Je me bornerai à citer un seul exemple à l'appui de mes conjectures. On a dit et répété souvent, qu'il n'était pas naturel que les Tribunaux civils ordinaires décidassent en dernier ressort sur les jugemens des Tribunaux de commerce dont on interjette appel, puisqu'il est bien reconnu que les négocians sont plus habiles dans les matières de commerce que les hommes de loi qui composent les Cours d'appel, et qu'on devait supposer plus de connaissances aux Juges des Cours supérieures qu'à ceux qui composent les Tribunaux de première instance. Or, dans les cas où il est question d'affaires de commerce, c'est tout le contraire ; leur nature même le démontrant.

Ce raisonnement paraît juste et solide. Je suis loin cependant de ne pas trouver bien puissans les motifs qui, lors de la discussion du Code, firent rejeter la proposition faite par la Commission chargée d'en rédiger et présenter le projet, et qui était d'établir, dans chaque Tribunal d'appel, une section de commerce, composée de quatre Juges pris parmi ceux du Tribunal d'appel, et de trois Juges commerçans choisis parmi les anciens négocians.

Je suis persuadé, que si le Code et sur-tout le livre qui traite de la juridiction commerciale, obtenaient les modifications et les réformes dont l'expérience a fait sentir le besoin ; que si les Tribunaux de commerce étaient moins nombreux; si les attributions des Juges étaient mieux déterminées ; si les fonctions en étaient mieux appréciées et plus scrupuleusement remplies ; que si enfin il y avait auprès de chaque Tribunal une partie publique chargée du maintien de la loi et de son exacte exécution envers et contre tous ; je suis, dis-je, persuadé que les jugemens des Tribunaux de commerce seraient moins souvent attaqués et attaquables par la voie d'appel, et que les abus ou les inconvéniens dont on se plaint, disparaîtraient en grande partie du moins.

Je m'arrête ; j'ai rempli de mon mieux la tâche que je m'étais imposée en commençant. La matière, je le sais, est bien loin d'être épuisée. Beaucoup d'autres objets essentiels fourniraient un champ vaste à de nouvelles réflexions. J'en désignerai, en finissant, quelques-uns à l'attention des hommes qui s'occupent des institutions commerciales, et qui sentent le besoin qu'il y aurait de les perfectionner pour les faire tourner au plus grand avantage et à la plus grande prospérité du commerce et de l'industrie, qui se

trouvent si intimement liés avec les intérêts de
l'État.

Les lois existantes sont inexécutées, incom-
plètes et insuffisantes, quant à beaucoup d'engagemens et de contrats entre négocians. Est-il
déraisonnable de penser et de soutenir, en effet,
que les ventes à livrer, dont la cupidité a répandu de nos jours le goût et l'habitude, sont
un véritable jeu, des sortes de paris dans lesquels
les contractans prennent des engagemens qu'il
n'est souvent pas dans leur pouvoir, ni dans
leur volonté, de tenir, et qui donnent lieu à des
difficultés et à des procès immoraux, autrefois
inconnus dans le commerce;

Que la nature et l'étendue des pouvoirs et
des mandats que les chefs de maison donnent
à leurs commis-voyageurs, n'étant point déterminées d'une manière précise et légale, il en
résulte des tiraillemens, des prétentions, des
contestations les plus étranges dont les Tribunaux retentissent et qui embarrassent les Juges,
parce que la législation est muette ou incer-
taine sur plusieurs cas qui se présentent journellement;

Que le colportage donne naissance à nombre
d'abus et provoque depuis long-temps des plaintes
de la part des marchands domiciliés;

Qu'on devrait soumettre à une surveillance
rigoureuse, à des règles sévères, les ventes pu-

bliques et à l'encan que font les marchands cos-
mopolites qui exploitent le royaume dans tous
les sens, d'une manière nuisible aux intérêts du
négoce local et des acheteurs mêmes, qui se laissent prendre aux amorces trompeuses et sédui-
santes d'un bon marché, que la défectuosité des
produits qu'on expose en vente rend presque
toujours ruineux ;

Que les lois et règlemens sur les bourses, sur
les agens de change, les courtiers, les commis-
sionnaires et autres intermédiaires de commerce,
sont justes et sages, mais qu'ils ne sont pas exé-
cutés, et que s'ils l'étaient, ils pourraient abso-
lument suffire pour assurer et maintenir l'ordre
et la bonne foi dans les transactions, sans nuire
aux droits et intérêts de personne, et qu'il y
aurait peu de chose à changer et à ajouter pour
rendre à cet égard la législation aussi parfaite
que possible.

Je sais, au surplus, qu'il est difficile de corriger les abus, qu'il est même dangereux de
vouloir les corriger tous. Je sais que trop de
précipitation gâte les meilleurs projets, que trop
de rigueur aigrit, crée et légitime en quelque
sorte les résistances ; qu'il est donc plus sage de
s'appliquer à améliorer avec prudence et avec
constance, que de vouloir toujours bouleverser
ce qui existe et tenter de nouveaux essais. Mais
je suis persuadé aussi qu'il n'y a rien de plus

funeste pour un pays que la faiblesse , l'indiffé-
rence ou l'impuissance du Gouvernement chargé
de faire respecter et exécuter les lois qui existent et qui sont en vigueur.

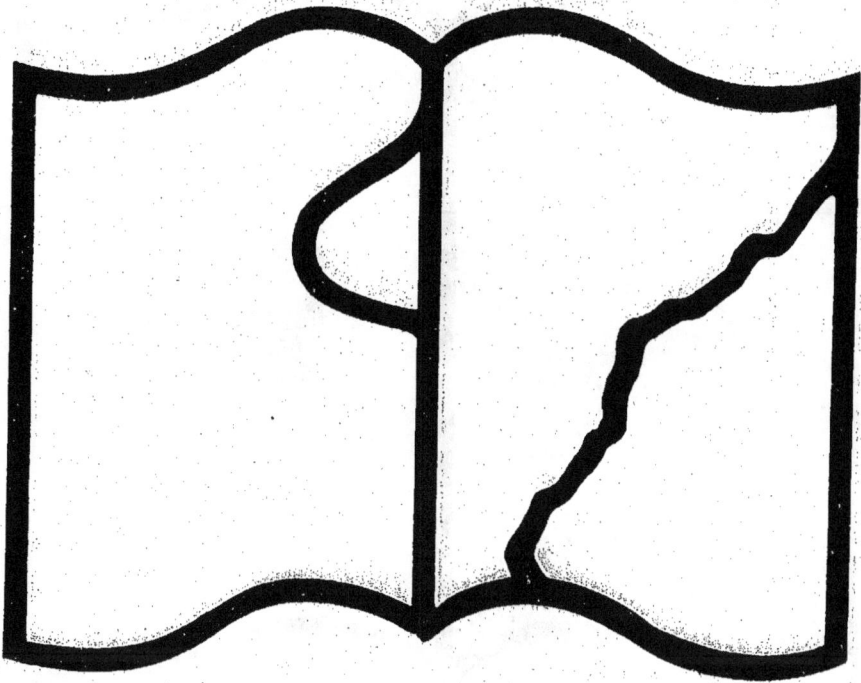

Texte détérioré — reliure défectueuse

NF Z 43-120-11

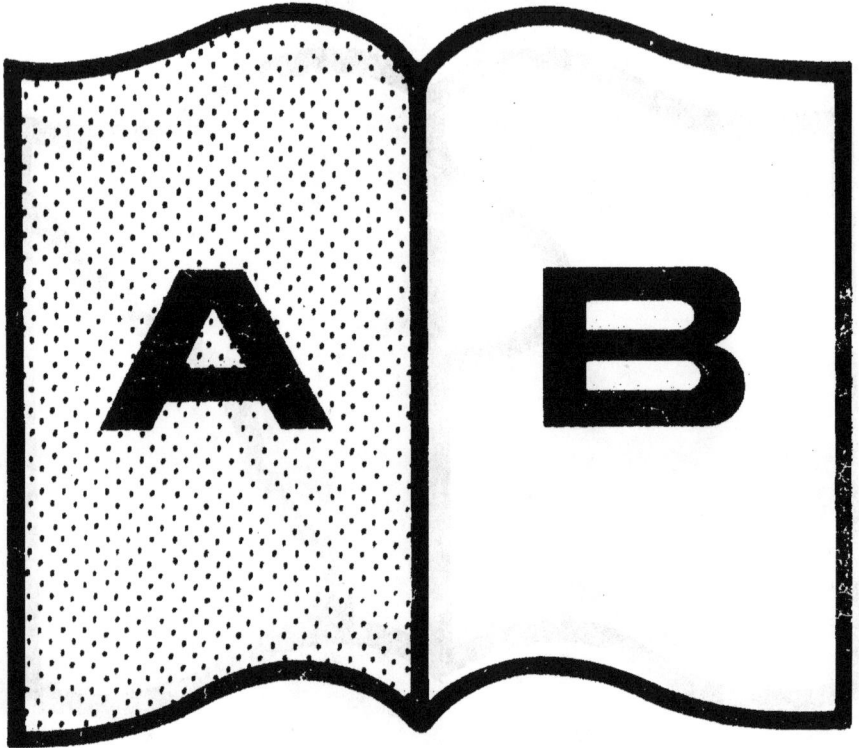

Contraste insuffisant

NF Z 43-120-14

www.ingramcontent.com/pod-product-compliance
Lightning Source LLC
Chambersburg PA
CBHW032309210326
41520CB00047B/2536